EL PEQUEÑO ANGEL DE COLOMBIA

Verónica Moscoso

SPANISH EASY READER

LEVEL 2

www.veromundo.store

EL PEQUEÑO ANGEL DE COLOMBIA

is published by

Authored by Verónica Moscoso
Cover Art by Sara Vera Lecaro
Photos courtesy of Fundación Albeiro
  Vargas y Ángeles Custodios

First edition published March, 2021.
Copyright © by Verónica Moscoso. All rights reserved.
No other part of this book may be reproduced or transmitted in any form or by any means, electronic or mechanical, including photocopying, recording or by any information storage or retrieval system, without permission in writing from Verónica Moscoso.

ISBN: 978-1-7342399-7-3

Acknowledgements

I would like to express my gratitude to Margarita Pérez García, Sonia Fernández Solís, Adriana Ramírez, Diego Ojeda, and Contee Seely for their invaluable input as Spanish teachers and authors.

I want to thank my friends Mireya Moya and Lily Moreno for their feedback and support, and Fabiola Duque for proofreading.

I also appreciate the help of Adriana Alarcón and Luis Eduardo Bautista, who are part of the FAVAC (Fundación Albeiro Vargas y Ángeles Custodios) communications team. They provided me with photos, bibliography, and information available to help me tell this story accurately.

Finally, I'm grateful towards Albeiro Vargas, whose formidable live story was the inspiration for this book, and who kindly answered my many questions.

DESCRIPTION

EL PEQUEÑO ÁNGEL DE COLOMBIA tells the extraordinary true story about Albeiro Vargas, a Colombian boy famous for his magnificent humanitarian work.

This book is an easy reader Spanish novella for second level students. It's almost entirely in the past tense.

With about 290 unique words and plenty of repetition, it tells a 2,980-word story. A special feature of this novella is that *usted* is used a lot. This is the way everyone speaks in Bucaramanga, Colombia, where this story takes place.

A full glossary for each of the nine chapters is included, and photos document this inspiring true story in each chapter.

The story is based on interviews, videos, books, and the testimony of Albeiro Vargas himself.

Part of every purchase of this book will support FAVAC (Fundación Albeiro Vargas y Ángeles Custodios).

If you want to support FAVAC directly go to:
fundacionalbeirovargas.org

RESOURCES

Check out **www.veromundo.store** for resources on this tittle. Audiobook may be available.

We recommend the following videos:

Little Angel Of Colombia Part 2 of 4 Fully English
https://youtu.be/zajagjWjNmU

Conoce Nuestras Instalaciones
https://youtu.be/G8eiYSwQW1Q

"Considero la Fundación como mi segunda casa"
https://youtu.be/bpD-qwX7tDk

Seguimos trabajando de corazón por los adultos mayores / Noticias Caracol https://youtu.be/tEfKAQkUvoM

1

EL ABUELITO

Albeiro con hermanos y abuelito

Albeiro Vargas era famoso. Tenía 12 años y era famoso. Albeiro era un niño famoso en Colombia y en Francia. Las personas le conocían como "El pequeño ángel de Colombia".

Cuando tenía 6 años, Albeiro vivía con su mamá, su papá, sus 2 hermanas, sus 5 hermanos, y su abuelo. Eran 8 hermanos en total. Albeiro era el hermano número 7.

El abuelo de Albeiro se llamaba Josefito. El abuelo quería trabajar pero no podía. No podía trabajar porque estaba enfermo. Josefito no podía bañarse. No podía vestirse. La mamá de Albeiro ayudaba a Josefito. El abuelo estaba triste porque quería hacer muchas cosas pero no podía. Albeiro veía que su abuelito lloraba.

—¿Abuelito, por qué llora? —le preguntaba Albeiro.

—Porque estoy triste y me siento solo —decía el abuelo.

Albeiro veía como su mamá ayudaba a Josefito. Ella bañaba y vestía al abuelito. También preparaba comida y preparaba tinto[1] para el abuelo. Albeiro quería ayudar también. Entonces preguntó:

—¿Mamá, puedo llevarle el tinto al abuelito?

—Sí, ¡claro! —dijo la mamá.

En la escuela Albeiro aprendía a leer y a escribir. Aprendía mucho. Josefito no sabía leer ni

---

[1] **Tinto** means black coffee, the most common way to serve coffee in Colombia.

escribir. Albeiro le enseñaba a su abuelo. Josefito estaba feliz de aprender a leer y escribir.

Josefito también le enseñaba a Albeiro. El abuelo hablaba sobre su pasado. Le enseñaba a Albeiro sobre la vida en el campo. Contaba muchas historias. Algunas eran historias tristes, otras eran historias alegres. Al niño le gustaban mucho las historias del abuelo. Le gustaba escuchar a su abuelo.

A Albeiro le gustaba jugar, hablar y ayudar a Josefito. Él y su abuelo eran los mejores amigos. Albeiro tenía 6 años y Josefito tenía 87. El abuelo decía: "Ya no estoy triste. Estoy feliz. Quiero vivir".

Glosario del capítulo 1

a to
abuelito grandpa
abuelo grandfather
alegres happy
algunas some
amigos friends
ángel angel
años: tenía 6 años he was 6 years old
aprender to learn
aprendía learned
ayudaba helped
ayudar to help
baña: le baña bathes him
bañaba bathed
bañarse bathe
campo farmland, countryside
claro of course!
comida food
como: le conocían como they knew him as
   veía como saw how
con with
conocían: le conocían como they knew him as
cosas things
contaba told
cosas things
cuando when
de of
decía said
del of the
dijo said
el the
él he, him
ella her, she
en in
enfermo sick
enseñaba taught
entonces then
era was
eran were
escribir to write
escuchar to listen
escuela school
estaba was
estoy I am
famoso famous
feliz happy
Francia France
gustaba: le gustaba he liked
gustaban: le gustaban he liked (them)
hablaba talked
hablar to talk
hacer to do
hermanas sisters
hermano brother
hermanos brothers, siblings
historias stories
jugar to play
la the
las the, them
le her, him, to her, to him
llamaba: se llamaba Josefito he was called Josefito, his name was Josefito
llevarle bring him
llora cry
lloraba cried

los the
mamá mom
me: me siento solo I feel lonely
mejores best
muchas many
mucho a lot
ni nor
niño boy
número number
otras others
papá dad
para for
pasado past
pequeño little
pero but
personas people
podía: no podía couldn't
por for
porque because
preguntaba asked
preguntó asked
preparaba prepared/made
puedo: ¿puedo? can I?
qué: ¿por qué? why?
quería wanted
quiero I want
sabía: no sabía didn't know
se: se llamaba Josefito he was called Josefito, his name was Josefito
sí yes
siento: me siento solo I feel lonely
sobre about
solo alone, lonely
son are
su, sus his, hers, theirs
también also
tenía: tenía 6 años he was 6 years old

total: en total in total
trabajar to work
triste(s) sad
un a
veía saw
vestía dressed
vestirse to dress
vida life
vivía lived
vivir to live
ya: ya no estoy triste I am no longer sad

2
LOS ABUELITOS DEL BARRIO

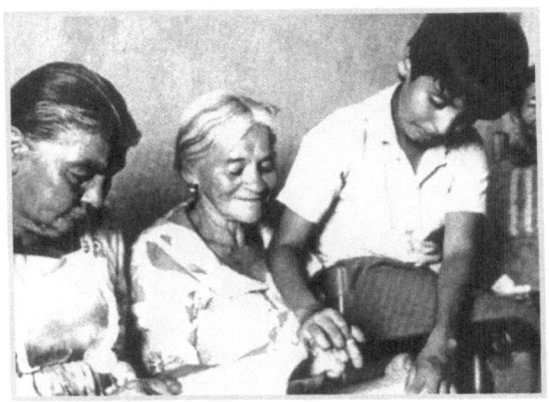

Albeiro enseña a leer y escribir.

Cuando Albeiro tenía 7 años, su abuelo Josefito murió. Albeiro estaba muy triste y se sentía solo. Albeiro extrañaba a su abuelito. Extrañaba hablar, jugar y ayudar a Josefito. Había muchos adultos mayores en su barrio. Había muchos que necesitaban ayuda. Albeiro pensó: "Voy a ser amigo de los abuelitos del barrio".

Albeiro vivía en Bucaramanga, una ciudad muy bonita de Colombia. Pero él vivía en un barrio muy pobre de Bucaramanga. Él vivía en "Ciudad

Norte". Muchas personas de Ciudad Norte, antes vivían en el campo. Salieron del campo para escapar de la violencia[2]. No tenían donde vivir. Construyeron sus casas en Ciudad Norte. Esas construcciones no son legales. Se llaman "invasiones". Muchas casas no tenían electricidad, ni alcantarillado, ni agua.

Los padres de Albeiro y su abuelo también salieron del campo para escapar de la violencia.

Cuando Albeiro veía abuelitos en su barrio les preguntaba:

—Hola, ¿Puedo jugar con usted?

—¡No! Usted[3] no quiere jugar. Usted quiere robar —le decían.

En Ciudad Norte había pobreza y robos. Los abuelitos tenían miedo. Ellos pensaban: "¡Es imposible! Este niño no quiere jugar. Este niño quiere entrar a mi casa para robar".

---

[2] The violence brought by the conflict between the Colombian Army, guerrilla groups, and counter-guerrilla groups caused peasant communities to abandon their homes and property.

[3] In this area of Colombia, Spanish speakers tend to use **usted** for "**you**" when directly speaking to a person of any age.

Albeiro no se rindió. Vio a una abuelita rezar el rosario. Él pensó: "Esta es mi oportunidad" y le preguntó: —Abuelita, ¿me enseña a rezar?

—Sí niño. Yo le enseño.

Albeiro aprendió a rezar el rosario y se hizo amigo de la abuelita. Ella se llamaba Silvia. Estaba muy enferma. No podía caminar. Su casa no tenía electricidad, ni alcantarillado, ni agua. Silvia necesitaba una silla de ruedas. Pero no tenía dinero para una silla de ruedas.

A Silvia le gustaba hablar con Albeiro. Silvia conocía muchas cosas. Ella hablaba sobre su vida. Contaba muchas historias. Albeiro escuchaba las historias. Él aprendía mucho. Albeiro y Silvia eran muy buenos amigos.

Otros adultos mayores veían que Albeiro era amigo de Silvia. Veían que Albeiro le ayudaba. Veían que Albeiro no quería robar. Poco a poco, otros abuelitos querían ser amigos del niño. No tenían miedo. Albeiro entraba a sus casas. Albeiro ayudaba a los abuelitos. A ellos les gustaba contar historias. A él le gustaba escuchar las historias de los abuelitos.

A los 8 años, Albeiro tenía 20 amigos adultos mayores en el barrio.

Glosario del capítulo 2

a: a los 8 años At 8-years-old
abuelita grandma
abuelito grandpa
abuelitos grandparents (affectionate)
abuelo grandfather
adultos: adultos mayores seniors
agua water
alcantarillado sewage
amigo: se hizo amigo (he) became friends
años: a los 8 años at 8-years-old
aprendía learned
aprendió learned
ayuda help
ayudaba helped
ayudar to help
barrio neighborhood
bonita beautiful
buenos: buenos amigos good friends
caminar to walk
campo countryside, farmlands
casa(s) house(s)
ciudad city
Ciudad: Ciudad Norte Northern City
conocía knew
construyen they build
construcciones constructions
construyeron they built
contar to tell
cosas things
cuando when
decía: les decía he told them
decían: le decían they told him
del of the
dinero money
donde where

él he
electricidad electricity
ella she/her
ellos they
en in
enferma sick
enseña: ¿me enseña a rezar? Will you teach me how to pray?
enseño: yo le enseño I teach you.
entraba: entraba a sus casas came into their homes
entrar to come in
era was
eran were
es is
escapar to escape
escuchaba listened
escuchar to listen
esta, este this
estaba was
extrañaba missed
gustaba: le gustaba (s/he) liked
   les gustaba they liked
había there was, there were
hablaba talked
hablar to talk
historias stories
hizo: se hizo amigo (he) became friends
hola hello
invasiones invasions
jugar to play
las the, them
le him, to him
les them, to them
llamaba: se llamaba Silvia her name was Silvia
llaman: se llaman they are called

los the, them
mayores: adultos mayores seniors
me me
mi my
miedo: tenían miedo they were afraid
muchas, muchos many
mucho a lot
murió died
muy very
necesitaba needed
necesitaban (they) needed
ni nor
niño boy
norte north
oportunidad opportunity
otros other
padres parents
para for, to
pensaban (they) thought
pensó he thought
pero but
personas people
pobre poor
pobreza poverty
poco: poco a poco little by little
podía: no podía (she) couldn't
preguntó asked
preguntaba asked
puedo: ¿puedo? can I?
que that
quería: no quería didn't want
querían (they) wanted
quiere you (usted) want
rezar to pray
rindió: no se rindió didn't give up
robar to steal
robos thefts
rosario rosary

rezar el rosario to pray, say recite the rosary
ruedas: silla de ruedas wheelchair
salieron: salieron del campo they left the farmlands
se: se sentía (he) felt
  se llaman "invasiones" they are called invasions
  no se rindió didn't give up
  se hizo amigo (he) became friends
  se llamaba Silvia sher name was Silvia
se: se sentía (he) felt
ser to be
sí yes
silla: silla de ruedas wheelchair
sobre about
solo alone, lonely
son: no son (they) aren't
su, sus his, hers, theirs
también also
tenía had
  tenía 7 años he was 7 years old
tenían (they) have
  no tenían (they) didn't have
  tenían miedo (they) were afraid
triste sad
un, una a
usted you
veía saw
veían (they) saw
vida life
vio saw
violencia violence
vivía lived
vivían (they) lived
vivir to live
voy I'm going to

3

EL NIÑO QUE REPARTE TINTO

Albeiro con sus amigas.

El papá de Albeiro trabajaba donde podía. A veces no tenía trabajo. El dinero no alcanzaba. Entonces Albeiro y sus hermanos trabajaban. Trabajaban para ayudar a su familia. Trabajan en la calle vendiendo cosas diferentes.

Cuando Albeiro tenía 8 años trabajaba en la

calle. Todos los días, la mamá de Albeiro cocinaba arepas[4]. A las 4 de la mañana ella empezaba a preparar arepas de maíz. Albeiro y sus hermanos ayudaban a preparar las arepas. Luego vendían las arepas. Albeiro caminaba por el barrio diciendo: "Arepas calientes y muy ricas", "Arepas preparadas por mi mamá", "Arepas de maíz hechas en casa", "Arepas hechas con amor". Albeiro siempre vendía todas las arepas. Tenía clientes que siempre compraban las arepas. El dinero ayudaba a la familia.

Después de vender las arepas, Albeiro iba a la escuela a las 7 de la mañana. En la tarde, después de la escuela, iba a visitar a sus amigos, los adultos mayores.

Un día Albeiro fue a la casa de Josefa, una abuelita del barrio. Albeiro se dio cuenta que ella tenía basura en su boca.

—¡No Josefa! Eso es basura. ¡Usted se puede enfermar! —le dijo Albeiro.

Josefa escupió la basura de su boca. Y dijo:
—Albeiro, tengo mucha hambre.

Josefa no tenía nada para comer. Albeiro corrió

---

[4] **Arepa** a usually grilled cornmeal cake.

a su casa y le robó un pan a su mamá. Albeiro fue a la casa de Josefa y le dio el pan. Al día siguiente Albeiro robó otro pan para Josefa. Y al día siguiente robó otro más. La mamá de Albeiro se dio cuenta que alguien estaba robando el pan. La mamá descubrió al ladrón.

—Albeiro, ¿usted está robando pan? —le preguntó su mamá.

—Sí mamá —contestó Albeiro.

—Usted sabe que robar es malo.

—Sí mamá. Yo sé que robar es malo.

—¿Por qué roba? ¿Tiene hambre?

—Yo no tengo hambre, pero la abuelita Josefa tiene mucha hambre. Ella come basura porque no tiene comida. ¡No tiene nada para comer! Pienso que hay muchos abuelitos que no tienen nada para comer.

La mamá de Albeiro pensó y luego dijo:

—Albeiro. En la mañana, antes de ir a la escuela, usted ya no va a vender arepas. Antes de ir a la escuela usted va a repartir tinto a los abuelitos.

Entonces, la mamá de Albeiro preparaba tinto todos los días. Y ponía el tinto en un termo grande. Albeiro se levantaba a las 5 de la mañana para llevar el tinto a los abuelitos. Después iba a la escuela.

En el barrio los adultos mayores decían: "Hay un niño que reparte tinto". Poco a poco, Albeiro tenía más amigos.

Todos los días los adultos mayores esperaban al niño. Albeiro llevaba el tinto en el termo. Estaba feliz.

—Buenos días —les decía Albeiro sonriendo y repartiendo el tinto.

—Gracias niño —le contestaban sonriendo también.

Glosario del capítulo 3

a to
abuelita grandma
abuelitos grandparents, affectionate when referring to seniors
adultos: adultos mayores seniors
al: al día siguiente at the next day
    esperan al niño wait for the boy
alcanzaba: dinero no alcanzaba the money was not enough
alguien someone
amigos friends
amor love
antes before
años: tenía 8 años he was 8 years old.
ayudaba helped
ayudaban (they) helped
ayudar to help
barrio neighborhood
basura garbage
boca mouth
buenos: buenos días good morning
calientes warm
calle street
caminaba walked
casa: home, house
    hechas en casa homemade
clientes customers
cocinaba cooked
come eats
comer to eat
comida food
compraban (they) bought
con with
contestó replied

corrió ran
cosas things
cuando when
cuenta: se dio cuenta realized
de of
decían (they) said
del of the
descubrió discovered
después afterwards
día: day
    al día siguiente at the next day
días: todos los días everyday
diciendo saying
diferentes different
dijo said
dinero money
dio: se dio cuenta realized
donde where
el the
ella she/her
empezaba started
en in
enfermar: ¡usted se puede enfermar! you can get sick
entonces then
es is
escuela school
escupió spat
eso that
esperaban: esperaban al niño waited for the boy
está: usted está you are
estaba was
familia family
feliz happy

fue went
gracias thank you
grande big
hambre: tengo mucha hambre I'm very hungry
    ¿Tiene hambre? Are you hungry?
    no tengo hambre I'm not hungry
hay there are, there is
hechas: hechas en casa homemade
    hechas con amor made with love
hermanos siblings
iba went
ir: antes de ir a before going to
la the
ladrón thief
las the, them
le him, her, to her, to him
les them, to them
levantaba: se levantaba (he) woke up
llevaba brought
llevar to bring
los the
luego then
maíz corn
malo bad
mamá mom
mañana morning
más more
mayores: adultos mayores seniors
mi my
mucha: mucha hambre very hungry
muchos many
muy: muy ricas very tasty, delicious
nada anything, nothing

niño boy
otro other, another
pan bread
papá dad
para to
pensó thought
pero but
pienso I think
poco: poco a poco little by little
podía: donde podía where he could
ponía put
por: ¿por qué? why?
porque because
preguntó asked
preparaba: preparaba tinto prepared/made tinto
preparadas made
preparar to make, to prepare
puede: se puede enfermar you can get sick
que that
qué: ¿por qué? why?
reparte hands out
repartir to hand out
ricas tasty, delicious
roba steals, (you) steal
robando stealing
robar to steal
robó stole
sabe (you) know
se: se puede enfermar you can get sick
    se levanta he wakes up
    cuenta: se dio cuenta realized
sé (I) know
sí yes
siempre always
siguiente next
sonriendo smiling

Su, sus his, hers, theirs
también also
tarde afternoon
tengo: tengo mucha hambre I'm very hungry
    no tengo hambre I'm not hungry
tenía had
    tenía 8 años he was 8 years old
termo thermos
tiene has
    ¿tiene hambre? are you hungry?
    no tiene doesn't have
tienen: no tienen (they) don't have
todas all
todos: todos los días everyday
trabajaba worked
trabajaban (they) worked

trabajo work
un: un día one day
un, una a
usted you
va (you) are going to
    ya no va a vender arepas you're not going to sell arepas anymore
veces: a veces sometimes
vender to sell
vendían (they) sold
vendiendo selling
visitar to visit
y and
ya: ya no va a vender arepas you're not going to sell arepas anymore
yo I

4

EL ANGEL DEL NORTE

Artículo en el periódico local

Un día, Albeiro fue a la casa de su amiga Sagrario, una abuelita del barrio. Ella necesitaba ayuda para caminar. Estaba en su cama y le dijo a Albeiro:

—Ayúdeme por favor. Necesito bañarme.

El niño quería ayudar pero pensó: —No puedo

bañar a Sagrario en su cama. Tengo que levantar a Sagrario, ayudarla a caminar, y bañarla afuera.

Albeiro tenía 9 años, pensó que era fuerte. Entonces, él levantó a su amiga y le ayudó a caminar. Pero Albeiro no era tan fuerte. Sagrario se cayó, se golpeó y lloró.

Albeiro corrió a su casa y gritó:

—¡Ayuda! ¡Ayuda! ¡Necesito ayuda!

Las hermanas de Albeiro y unos niños vecinos ayudaron. Fueron con él a la casa de Sagrario. Todos levantaron a Sagrario. Ella estaba bien. Albeiro se dio cuenta: —No puedo hacer esto yo solo.

Albeiro organizó a 15 niños del barrio para ayudar a los abuelitos. Algunos vecinos también ayudaron. Algunos vecinos compartían comida con los abuelitos. La mamá de Albeiro preparaba tinto y luego también preparaba sopa para los abuelitos.

Albeiro invitaba a los abuelitos a su casa en las tardes. Iban para jugar, rezar, aprender a escribir, a leer, y comer algo. Después de la escuela, los niños llevaban la sopa a los abuelitos que no podían caminar.

Una amiga de Albeiro vio a los niños ayudando

a los abuelitos. Ella dijo:

—Parecen ángeles custodios.

—¿Qué son "ángeles custodios"? —preguntó Albeiro.

—Son ángeles que cuidan.

Y entonces el grupo de niños que ayudaban a los abuelitos tenía un nombre: "Ángeles Custodios".

Euclides Ardilla, era un periodista que escribía historias sobre los crímenes en Ciudad Norte. Escribía para un periódico local. Euclides vio a los niños con los adultos mayores. Vio a los niños riendo y jugando fútbol con ellos.

Euclides preguntó: —¿Qué pasa?

—Estamos jugando con los abuelitos —contestó Albeiro.

Euclides hizo muchas preguntas. Habló con los niños. Habló con los adultos mayores. Vio como los niños ayudan. Entonces, escribió una historia diferente. No escribió una historia sobre crímenes. Escribió la historia de Albeiro, el niño que ayuda a los adultos mayores. El título del artículo fue: "El ángel del norte".

Glosario del capítulo 4

abuelita grandma
abuelitos grandparents, affectionate when referring to seniors
adultos: adultos mayores seniors
afuera outside
algo something
algunos some
amiga friend
ángel(es) angel(s)
　Ángeles Custodios Guardian Angels
años: tenía 9 años was 9 years old
aprender to learn
artículo article
ayuda help
　niño que ayuda boy that helps
ayudaban (they) helped
ayudan (they) help
ayudando helping
ayudar to help
ayudarla to help her
ayudaron help me
ayúdeme help me
ayudó helped
bañar to bathe
bañarla bathe her
bañarme: necesito bañarme I need to bathe
barrio neighborhood
bien well
cama bed
caminar to walk
casa home, house
cayó: se cayó fell down-
comer to eat
comida food
como how
compartían (they) shared
con with
contestó replied
corrió run
crímenes crimes
cuenta: se dio cuenta realized
cuidan (they) look after, care
custodios: Ángeles Custodios Guardian Angels
de of
del of the
después: después de la escuela after school
día day
diferente different
dijo said
dio: se dio cuenta realized
el the
él him
ella she
ellos they
en in
entonces then
era was
escribía wrote
escribió wrote
escribir to write
escuela school
estaba was
estamos we are
esto this
favor: por favor please
fue went, was
fuerte strong
fútbol soccer
golpeó: se golpeó got hurt
gritó shouted
grupo group
habló talked

hacer to do
hermanas sisters
historia(s) story(ies)
hizo: hizo muchas preguntas asked many questions
iban (they) went
invitaba invited
jugando playing
jugar to play
la the
las the, them
le him, her, to her, to him
leer to read
levantar to lift
levantaron they lifted
levantan (they) lift
levantó to lift
llevaban (they) brought
lloró cried
local local
los the
luego then
mamá mom
mayores: adultos mayores seniors
muchas many
necesitaba needed
necesito I need
niño boys
niños children
nombre name
norte north
organizó organized
para for
parecen (they) look like
pasa: ¿qué pasa? what's going on?
pensó thought
periódico newspaper
periodista journalist
pero but

podían: no podían couldn't
por: por favor please
pregunta(s) question(s)
preguntó asked
preparaba prepared/made
puedo: no puedo I can't
que that
qué: ¿qué? what?
  ¿qué pasa? what's going on?
quería wanted
rezar to pray
riendo laughing
salir to go outside
se: se cayó se cayó fell down
  se golpeó got hurt
  se dio cuenta realized
sobre about
solo alone
son (they) are
sonriendo smiling
sopa soup
su his, hers, theirs
también also
tan: no era tan fuerte he wasn't that strong
tardes afternoons
tengo I have
tenía had
  tenía 9 años was 9 years old
título title
todos everyone
un one, a
una a
unos some
vecinos neighbors
vio saw
y and
yo I

5

LAS DONACIONES

Donación de comida

El artículo "El ángel del norte" tuvo impacto. Llegaron donaciones de ropa y de comida. Albeiro quería más ayuda. Entonces fue al mercado de Bucaramanga. Llevaba el periódico en la mano. El mercado estaba lejos de Ciudad Norte.

En el mercado el niño pedía donaciones de comida. Les decía a todos:

—Aquí en el periódico está mi foto. Yo soy el "ángel del norte." Necesito comida para los abuelitos.

Las personas del mercado no querían donar comida. Entonces Albeiro fue a una tienda grande y dijo:

—Necesito hablar con el dueño. Yo soy el "ángel del norte." Mi foto está aquí en el periódico.

—Espere afuera —le dijeron.

Albeiro esperó una hora, dos horas, y el dueño nunca habló con él.

Fue a otras tiendas y las personas se reían de Albeiro. No le ayudaban.

Albeiro no se rindió. Entró a una panadería con el periódico en la mano. Le preguntaron:

—¿Usted es el niño que ayuda a los abuelitos?

—Sí.

—Tenemos pan para usted.

La panadería le dio una gran donación de pan. Albeiro estaba feliz. Pensaba: "Los abuelitos van a tomar su tinto con pan".

Poco a poco, más personas querían ayudar a Albeiro. Él volvió al mercado de Bucaramanga y recibió donaciones. Algunas personas de Bucaramanga donaron comida, otras donaron dinero. Gracias a las donaciones, los abuelitos tenían pan para tomar con el tinto y vegetales para la sopa. Las donaciones ayudaban mucho.

Muchas personas querían conocer al "ángel del norte". Camilo Torres, otro periodista escribió sobre Albeiro. Camilo trabajaba para el periódico El Tiempo. Este es un periódico muy importante en Colombia. El título del artículo fue: "Cuarenta ancianos dependen de un niño". Después, otros periodistas de Colombia hablaron con Albeiro y contaron su historia.

Glosario del capítulo 5

a to
abuelitos grandparents, affectionate when referring to seniors
afuera outside
al the
algunas some
ancianos older people
ángel angel
aquí here
artículo article
ayuda help
    niño que ayuda boy who helps
ayudaban (they) helped
ayudar to help
comida food
con with
conocer to know
contaron (they) told
cuarenta forty
de of
decía said
del of the
dependen (they) depend on
después afterwards
dijeron (they) said
dijo said
dinero money
dio: le dio gave him
donación donation
donaciones donations
donar to donate
donaron (they) donated
dos two
dueño owner
el the
él he
en on, at, in
entonces then
entró got in
es is
escribió wrote
espere (you) wait
esperó waited
está is
estaba was
feliz happy
foto photo
fue went, was
gran big
grande big
hablar to talk
hablaron (they) talked
habló talked
historia story
hora(s) hour(s)
impacto impact
importante important
la the
las the, them
le him, her, to her, to him
lee: se lee is read
lejos far
les them, to them
llegaron (they) arrived
llevaba carried
los the
mano hand
más more
mercado market
mi my

26

muchas many
mucho a lot
muy very
necesito (I) need
niño boy
norte north
nunca never
otras, otro other, another
país country
pan bread
panadería bakery
para for, to
    para tomar con el tinto to have with tinto
pedía asked
pensaba thought
periódico newspaper
periodista(s) journalist(s)
personas people
poco: poco a poco little by little
preguntaron: le preguntaron they asked him
que that
quería wanted
querían (they) wanted
recibió received
reían: se reían de they laughed at
rindió: no se rindió didn't give up
ropa clothes
se: se reían de they laughed at
    no se rindió didn't give up
sí yes
sobre about
sopa soup
soy (I) am
su their, theirs
tenemos (we) have
tenían (they) had
tiempo: El Tiempo The Time(s)
tienda(s) store(s)
tiene has
tienen (they) have
título title
todo(s) everyone, all
tomar to drink
trabajaba worked
tuvo had
tú you
un a
una a, one
usted you
va goes
van they go
vegetales vegetables
volvió returned
y and
yo I

6
FRANCIA

Albeiro en Francia

Tony Comití era un periodista francés que estaba en Colombia. Él leyó artículos sobre Albeiro. Tony fue a Ciudad Norte para conocer a Albeiro.

—¿Quién es Albeiro Vargas? —preguntó Tony.

—Soy yo —contestó Albeiro.

—Quiero hablar con usted.

—No puedo —dijo Albeiro.

—Necesito hablar con usted.

—No puedo. Estoy muy ocupado —dijo el niño.

Albeiro tenía que repartir comida. Estaba ocupado. Los abuelitos le estaban esperando. No quería hablar con el periodista.

Tony vio como Albeiro y los otros niños ayudaban a los adultos mayores. Albeiro organizaba fiestas, bailes y deportes para los adultos mayores. Repartía donaciones de comida y de ropa. Limpiaba sus casas; bañaba a los abuelitos; organizaba a otros niños para ayudar. Albeiro siempre estaba feliz. Siempre sonreía.

Tony filmó un documental. El título fue: "El pequeño ángel de Colombia". La historia de Albeiro llegó a Francia. Los franceses vieron por televisión a Albeiro y a los Ángeles Custodios ayudando a los adultos mayores de Ciudad Norte.

Los franceses estaban muy impresionados. El documental se repitió 7 veces en la televisión de Francia. Los franceses querían conocer al pequeño ángel de Colombia. Invitaron al niño a Francia. Albeiro viajó con su mamá. Albeiro era famoso en Francia. Era famoso y solamente tenía 12 años.

Cuando Albeiro volvió a Colombia, los franceses donaron 166 mil francos. Era mucho dinero. El embajador de Francia en Colombia invitó a Albeiro a la embajada. El embajador le quería dar un cheque simbólico a Albeiro. Había periodistas y cámaras de televisión.

—Le vamos a dar un cheque simbólico —le dijo el embajador a Albeiro.

—Yo no quiero un cheque simbólico. Yo quiero un cheque de verdad. Yo quiero el dinero para los abuelitos.

—Sonría a las cámaras —le decían a Albeiro.

—Yo no sonrío. ¡Yo quiero el dinero para los abuelitos!

—Solamente tiene 12 años. No podemos darle un cheque de verdad —dijo el embajador.

—¡Yo quiero el dinero para los abuelitos!!! —dijo Albeiro llorando.

Las personas de la embajada no podían convencer a Albeiro. El niño lloraba mucho. Las cámaras de televisión y los periodistas esperaban.

El embajador dijo:

—Le vamos a dar un cheque de verdad.

Albeiro recibió el dinero. Las personas vieron a Albeiro en televisión. El niño estaba feliz y sonreía.

Glosario del capítulo 6

a to
abuelitos grandparents, affectionate when referring to seniors
adultos: adultos mayores seniors
al the
ángel(es) angel(s)
años: tenía 12 años he was 12 year old
artículo(s) article(s)
ayudaban (they) helped
ayudando helping
ayudar to help
bailes dances
bañaba bathed
cámaras cameras
casas houses, homes
cheque check
comida food
como how
con with
conocer to know
contestó replied
convencer to convince
cuando when
custodios: Ángeles Custodios Guardian Angels
dar to give
darle give you
de of
decían they said
deportes sports
dijo said
decían (they) said
dinero money
documental documentary
donaciones donations
donan (they) donate
el the
él he
embajada embassy
embajador ambassador
en in, on
era was
es is
esperaban (they) waited
esperando waiting
estaba was
estaban (they) were
estoy I am
famoso famous
feliz happy
fiestas parties
filmó filmed
francés, franceses French
Francia France
francos francs
hablar to talk
fue went, was
había there were
hablar to talk
historia story
impresionados impressed
invitaron (they) invited
invitó invited
la the
las the, them
le him, her, to her, to him
leyó read
limpiaba cleaned
llegó arrived

lloraba cried
llorando crying
los the
mamá mom
mayores: adultos mayores seniors
mil thousand
mucho many
muy very
necesito (I) need
niño boy
niños children
ocupado bussy
organizaba organized
otros others
para to, for
pequeño little
periodista(s) journalist(s)
personas people
podemos: no podemos we can't
podían: no podían they couldn't
por: ven por televisión watch on TV
preguntó asked
puedo: no puedo I can't
que that
   tenía que had to
quería wanted
querían (they) wanted
quién: ¿quién? who?
quiero (I) want
recibió received
repartía handed out
repartir to deliver, to hand out
repitió: se repitió was repeated
ropa clothes
se: se repitió was repeated
siempre always
simbólico simbolic
sobre about
solamente only
sonreía smiled
sonría (you) smile
sonrío: yo no sonrío I'm not smiling
soy (I) am
su his
sus their, theirs
tenía: tenía que had to
   tenía 12 años he was 12 year old
tiene: tiene 12 años you're 12 years old
título title
un a
usted you
vamos: le vamos a dar we're going to give you
veces times
vieron: vieron por televisión watched on TV
verdad: un cheque de verdad a real check
viajó traveled
volvió came back
y and
yo I

7
LAS CASAS

Adultos mayores, Ángeles Custodios y Albeiro en Casa de los Recuerdos

El sueño de Albeiro siempre fue tener una casa para los abuelitos. Teresita, era una señora que conocía a Albeiro. Teresita dijo: "Los abuelitos pueden vivir en mi casa. No tienen que pagar alquiler". Entonces 30 adultos mayores fueron a vivir en la casa de Teresita.

Los abuelitos iban a la casa de Teresita para jugar, rezar, aprender a escribir, a leer y comer algo.

Con las donaciones de Francia construyeron una casa que se llamaba "Casa de los Recuerdos". Esta casa era como una escuela. Los abuelitos iban a esta casa para aprender, cantar, bailar y comer. No era una casa para vivir.

La donación de Francia fue una gran ayuda, pero Albeiro y su comunidad tenían mucho más trabajo que hacer. Con donación o sin donación, Albeiro iba a seguir trabajando por sus abuelitos

En Ciudad Norte había muchos adultos mayores que necesitaban un lugar donde vivir. En el norte de Bucaramanga había una casa abandonada. Albeiro decidió invadir esa casa. 20 adultos mayores vivían en esa casa abandonada. Pero esa casa tenía dueño. El dueño de la casa estaba enojado. Entonces Albeiro habló con él.

—Ustedes tienen que salir de mi casa —dijo el dueño.

—En esta casa viven 20 abuelitos —contestó Albeiro.

—Esta es mi casa.

—Esta es su casa pero los abuelitos necesitan un lugar donde vivir.

El dueño de la casa entró. Vio a los abuelitos. Se dio cuenta de que algunos tenían problemas de salud. Después de ver a los abuelitos, el dueño de la casa dijo: "Los abuelitos pueden vivir en mi casa. No tienen que pagar alquiler".

Unos jóvenes franceses viajaron a Bucaramanga. Construyeron una casa muy grande. La casa tenía electricidad, alcantarillado y agua. La casa se llamaba "Rincón de Francia". 80 adultos mayores fueron a vivir en la casa.

En "Rincón de Francia" había bailes, fiestas y actividades para los abuelitos. También había un grupo de Ángeles Custodios que ayudaban, hablaban y jugaban con los adultos mayores. Les enseñaban a leer y a escribir, a bailar y cantar. Había muchos eventos.

Albeiro recibía donaciones internacionales y nacionales. Necesitaba una organización para recibir donaciones y ayudar. Entonces se creó la Fundación Albeiro Vargas y Ángeles Custodios. Albeiro no podía ser el director. Solamente tenía 14 años.

La Fundación tenía empleados. Había mucho trabajo. Albeiro iba a diferentes partes de la ciudad para recibir donaciones de comida. El

Instituto Colombiano de Bienestar Familiar donaba comida también. Había empleados que preparaban la comida para repartir a los abuelitos.

Glosario del capítulo 7

abandonada abandoned
abuelitos grandparents, affectionate when referring to seniors
actividades activities
adultos: adultos mayores seniors
agua water
alcantarillado sewage
algo something
alquiler rent
algunos some (of them)
ángeles: Ángeles Custodios Guardian Angels
años: tiene 14 años he's 14 years old
aprender to learn
ayuda to learn
ayudaban (they) helped
ayudar to help
bailar to dance
bailes dances
bienestar: Instituto Colombiano de Bienestar Familiar Colombian Institute of Family Welfare
cantar to sing
casa(s) home(s) house(s)
ciudad city
colombiano: Colombian
comer to eat
comida food
como: es como is like
con with
conocía knew
construyeron they built
contestó replied
comunidad community
creó: se creó was created
custodios: Ángeles Custodios Guardian Angels

cuenta: se dio cuenta realized
de of
decidió decided
después afterwards
diferentes different
dijo said
director director
donaba (it) donated
donación donation
donaciones donations
donde where
dueño owner
el the
él he
electricidad electricity
empleados employees
en in
enojado upset
enseñaban (they) taught them
entonces then
entró got in
era was
es is
esa that
escribir to write
escuela school
esta this
estaba was
eventos events
Familiar: Instituto Colombiano de Bienestar Familiar Colombian Institute of Family Welfare
fiestas parties
franceses French
Francia France
fue was
fueron went
fundación foundation

grande big
grupo group
había there was, there were
hablaban (they) talked
habló spoke
hacer to do
iba went
   iba a seguir was going to continue
iban (they) went
instituto institute
internacionales international
invadir to invade
jóvenes young people
jugaban (they) played
jugar to play
la the
las the, them
leer to read
les them, to them
llamaba: se llamaba it was called
los the
lugar place
más more
mayores: adultos mayores seniors
mi my
mucho(s) many, a lot
muy very
nacionales national
necesitaban (they) needed
necesitan (they) need
norte north
organización organization
pagar to pay
para to, for
partes parts
pero but
podía could
preparaban (they) prepared, made
problemas problems

pueden (they) can
que that
recibía received
recibir to receive
recuerdos: Casa de los Recuerdos House of Memories
repartir to deliver, give away
rezar to pray
rincón: Rincón de Francia French Corner
salir to get out
salud health
se: se crea is created
   se llama it's called
seguir continue
señora lady, Mrs.
ser to be
siempre always
sin without
solamente only
su his
sueño dream
también also, too
tener to have
tenía had
   tenía 14 años he was 14 years old
tenían they had
tienen (they) have
trabajo work
trabajando working
un, una a
unos some
ustedes you (plural)
viajaron (they) traveled
vio saw
viven (they) live
vivían (they) lived
vivir to live

8

LA FINCA

Adultos mayores, Ángeles Custodios y Albeiro en Casa Mayor

Cuando Albeiro tenía 19 años. Él quería otra casa más grande para sus abuelitos. Él soñaba con una finca.

Los abuelitos hablaban de su pasado. Hablaban de su vida feliz en el campo. Ellos salieron del campo para escapar de la violencia. Extrañaban vivir en sus fincas.

Había una finca muy bonita en Ciudad Norte. Albeiro quería comprar esa finca. El problema era que el dueño quería vender la finca en 700 millones de pesos. Era mucho dinero. Entonces Albeiro habló con el dueño.

—Quiero comprar la finca pero no tengo 700 millones de pesos.

—¿Cuánto tiene?

—Solamente tengo 120 abuelitos —contestó Albeiro y el dueño se rió.

—Le vendo la finca por 400 millones de pesos. ¿Quiere?

—Sí. ¡Muchas gracias!

Albeiro estaba feliz porque el dueño quería vender la finca por 400 millones de pesos. Albeiro habló con su mamá.

—400 millones es mucho dinero —le dijo la mamá.

—Sí, pero es menos de 700 millones —contestó Albeiro.

—Sí, pero es mucho dinero. La fundación no tiene ese dinero. Pienso que usted no puede comprar la finca.

Esa noche Albeiro no podía dormir. Pensaba que no podía pagar 400 millones de pesos. Pensaba que debía hablar con el dueño. No podía comprar la finca.

Esa noche el dueño de la finca no podía dormir. Pensaba que no podía vender la finca. Pensaba que debía hablar con Albeiro.

Al día siguiente el dueño habló con Albeiro. El dueño le dijo:

—No quiero vender la finca por 400 millones de pesos. No quiero venderle la finca a un joven de 19 años. Albeiro, usted ayuda mucho a los adultos mayores y solamente tiene 19 años. No le vendo la finca. Le regalo la finca.

La finca se llama "Casa Mayor", tiene electricidad, alcantarillado, agua y comida. También hay bailes, fiestas y actividades para los abuelitos. En la finca los adultos mayores también cultivan la tierra y cuidan animales. Y un grupo de Ángeles Custodios ayudan.

Glosario del capítulo 8

a to
abuelitos grandparents, affectionate when referring to seniors
actividades activities
adultos: adultos mayores seniors
agua water
al: al día siguiente at the next day
alcantarillado sewage
ángeles: Ángeles Custodios Guardian Angels
animales animals
años: tiene 19 años you're 19 years old
ayuda help
ayudan (they) help
bailes dances
bonita pretty
campo countryside, farmlands
casa home, house
   Casa Mayor Greater Home
Ciudad: Ciudad Norte Northern City
comida food
comprar to buy
con with
contestó replied
cuando when
cuánto: ¿cuánto? how much?
cuidan (they) take care of
cultivan: cultivan la tierra (they) cultivate the land
custodios: Ángeles Custodios Guardian Angels
de of
debía (he) should

del of the
día: al día siguiente at the next day
dijo said
dinero money
dormir to sleep
dueño owner
el the
él he
electricidad electricity
ellos they
en in
entonces then
era was
es is
esa that
escapar to escape
ese that
estaba was
extrañaban (they) missed
feliz happy
fiestas parties
finca(s) farm(s)
fundación foundation
gracias thank you
grande big
grupo group
había there was, there were
hablaban (they) talk
hablar to talk
habló talked
hay there is, there are
joven young person
la the
le him, to him
   no le vendo I'm not selling you

le regalo I'm giving you
llama: se llama it's called
los the
mamá mom
más: más grande bigger
mayor: Casa Mayor Greater Home
mayores: adultos mayores seniors
menos less
millones millions
muchas: ¡muchas gracias! Thank you very much!
muy very
noche night
norte: Ciudad Norte Northern City
otra another
pagar to pay
para for, to
pasado past
pensaba thought
pero but
pienso (I) think
podía: no podía couldn't
por for
porque because
problema problem
puede: no puede (you) can't, (he) can't
que that
quería wanted
quiere: ¿quiere? Do you want?
quiero (I) want
regalo: te regalo I'm giving you
rió: se rió (he) laughed
salieron: salieron del campo they left the farm lands
se: se llama it's called
  se rió (he) laughed
sí yes
siguiente: al día siguiente at the next day
solamente only
soñaba dreamed
su, sus his
también also, too
tengo (I) have
tenía: tenía 19 años was 19 years old
tiene: has
  ¿cuánto tiene? how much do you have?
  no tiene (it) doesn't have
tiene: tiene 19 años you're 19 years old
tierra land
un, una a
usted you
vender to sell
venderle: no quiero venderle la finca I don't want to sell (him) the farm
vendo I sell
vida life
violencia violence
vivir to live
y and

9

ALBEIRO AHORA

El pequeño ángel de Colombia ahora no es pequeño. Ahora es un adulto. Albeiro continúa trabajando para ayudar a los adultos mayores

Ahora es director de su fundación y es un profesional, es Gerontólogo[5].

---

[5] **Gerontólogo** Gerontologist, an expert in the biological, psychological, cognitive, and sociological aspects of aging.

En Casa Mayor, la finca, viven 80 abuelitos. Hay 220 adultos mayores que no viven ahí pero van a los eventos y participan en las actividades. También hay comida saludable, doctores y empleados. 60 niños de Ciudad Norte están en el programa de Ángeles Custodios. Los niños tienen entre 10 y 14 años. En las tardes, los niños juegan, bailan y cantan con los adultos mayores.

La fundación está conectada con otras organizaciones. La fundación ayuda a unos 5 mil adultos mayores.

Albeiro y la fundación reciben muchos premios internacionales y nacionales por su servicio a la comunidad. En el año 2000 Albeiro fue nominado al Premio Nobel Alternativo de la Paz.

Él dice que el mejor premio es el amor de tantos abuelitos. La felicidad más grande es ayudar. Albeiro es una persona muy feliz.

Glosario del capítulo 9

a to
abuelitos grandparents, affectionate when referring to seniors
actividades activities
adulto adult, grown up
adultos: adultos mayores seniors
ahí there
ahora currently
al to the
alternativo: Premio Nobel Alternativo de la Paz the alternative Nobel prize for peace
amor love
ángel angel
ángeles: Ángeles Custodios Guardian Angels
año(s) year(s)
ayuda helps
ayudar to help
bailan (they) dance
cantan (they) sing
casa: Casa Mayor Greater Home
Ciudad: Ciudad Norte Northern City
comida food
comunidad community
con with
conectada connected
continúa continues
custodios: Ángeles Custodios Guardian Angels
dice says
doctores doctors
el the
él he
empleados employees
en in
entre between
es is
está is
están (they) are
eventos events
felicidad happiness
feliz happy
finca farm
fue was
fundación fundación
gerontólogo gerontologist
grande big
hay there is, there are
internacionales international
juegan (they) play
la the
las the, them
los the
más: más grande biggest
mayor: Casa Mayor Greater Home
mayores: adultos mayores seniors
mejor best
mil thousand
muchos a lot
muy very
nacionales national
niños children
nominado: nominado al nominated for
Norte: Ciudad Norte Northern City
organizaciones organizations
otras other
para to, for

participan participate
paz peace
persona person
pequeño little
pero but
por for
premio(s) award(s)
programa program
que that
reciben receive
saludable healthy
servicio service
su his
también also
tantos so many
tardes afternoons
tienen (they have)
trabajando working
un a
unos about
van (they) go
viven (they) live
y and

THE AUTHOR

Verónica Moscoso is an author, journalist, and an award-winning documentary filmmaker.

In 2011, Verónica earned a master's degree from the UC Berkeley Graduate School of Journalism.

Her thesis film, *A Wild Idea,* received nine awards of merit and distinction. She is the published author of *Historias con sabor a sueño* (2001), *Los ojos de Carmen* (2005) (with versions in French and English), *Olivia y los monos* (2018), *Chistes para aprender español* (2018), *El Rey Arthur* (2020), *Halloween vs. Día de los Muertos* (2020), *Soñadores* (2020), *El pequeño ángel de Colombia* (2021), and *Alma de lobo* (2021).

She is also the author of various published articles, photographs, multimedia, video, and radio pieces, in both English and Spanish. Throughout her life, Verónica has also worked as a language teacher.

Born and raised in Ecuador, Verónica left her hometown of Quito to live and travel in the Middle East and in Southeast Asia. She chronicled her trips through journal essays and photography. She now lives in the United States and continues creating content.

Her background as a language teacher together with her storytelling skills make her an extraordinary author for language learning books.

For much more information about Verónica, see her website: **www.veromundo.com** To order her books and related materials, go to: **www.veromundo.store**

THE COVER ARTIST

Sara Vera Lecaro is an Ecuadorian Multidisciplinary Artist based in Barcelona-Spain.

Her Art-Illustration Portfolio is based on drawings and paintings mainly of young women in a surrealistic manner. These illustrations are submerged in translucent layers in several mediums: digital, watercolor painting, and sometimes oils artworks.

Her pastel color portraits are meant to transplant the viewer into that same mind space of wonder and possibility. Every drawing and painting is a reflection of the thoughts and feelings she experiences during the time period of creation.

Sara uses her specific aesthetic for her portraits which derives from her fascination with the beauty in every woman. Influenced by contemporary artists, fashion, and nature, her art is in a constant state of development.

Her artworks have been used in editorials, books, fashion covers, and published in several magazines, blogs, and art exhibitions.

For more information about Sara Vera, see her website: **www.saraveralecaro.com**

RECOMMENDED BOOKS

OLIVIA Y LOS MONOS
Veronica Moscoso
Level 1
Based on the true story of the troop of wild monkeys that live in Misahualli and their unique interaction with humans.

HALLOWEEN VS DIA DE LOS MUERTOS
Veronica Moscoso
Level 2
A light-hearted story about friendship and also about the similarities and differences between two strong cultural traditions.

EL REY ARTHUR
Veronica Moscoso
Level 2
Based on the true story of Arthur, the Ecuadorian street dog turned into a celebrity.

ALMA DE LOBO
Veronica Moscoso
Level 2-3
The extraordinary true story of Marcos Rodríguez Pantoja, the only documented case of a feral child in Spain.

SOÑADORES
Veronica Moscoso
Level 3-4

This story gives a face to the DREAMers, the youth living as undocumented immigrants in the US and the challenges they face.

LOS OJOS DE CARMEN
Veronica Moscoso
Level 3-4

Daniel, an American teen, goes to Ecuador to find the perfect picture for a photography contest. There he meets Carmen, a girl with exceptional eyes…

CHISTES PARA APRENDER ESPAÑOL
Veronica Moscoso
Level 2+

This book is a compilation of 30 short easy-to-read jokes. They are appropriate for all ages and each has a fun illustration, glossary, and questions.

Go to **www.veromundo.store** or write us at: **info@veromundo.com** to order our books and related materials. We offer bulk discounts for school districts, schools, bookstores, and distributors.

www.veromundo.store

The Best Stories for Language Learners

We use the power of storytelling to promote connection and understanding among the people of the world.

Follow us:

 www.facebook.com/veromundofb

 www.instagram.com/veromundo.store

This book was written by a Latin American author.

www.ingramcontent.com/pod-product-compliance
Lightning Source LLC
Chambersburg PA
CBHW060412080526
44583CB00012B/543